Amazon FBA para Principiantes

Guía Comprobada Paso a Paso para Ganar Dinero en Amazon

Mark Smith

Los autores respectivos son dueños de todos los derechos de autor que el editor no posee.

La información aquí contenida se ofrece únicamente con fines informativos, y es universal como tal. La presentación de la información es sin contrato ni ningún tipo de garantía.

Las marcas comerciales que se utilizan no tienen ningún consentimiento, y la publicación de la marca comercial no tiene permiso ni respaldo del propietario de la marca comercial. Todas las marcas comerciales y marcas de este libro son únicamente para fines de aclaración y son propiedad de los propios propietarios, no están afiliados a este documento.

Tabla de Contenidos

Introducción

En primer lugar, quiero agradecerle y felicitarle por elegir este libro, Amazon FBA para principiantes.

Esta publicación contiene pasos y estrategias comprobadas sobre cómo comenzar su experiencia con Amazon FBA. Vender en Amazon a través de FBA puede ser una experiencia que cambia la vida. Hace que hacer negocios sea tan fácil y simplificado que tendrá suficiente tiempo para trabajar y para usted.

Amazon ofrece varios beneficios a cualquiera que quiera entrar en el negocio de FBA. No los encontrará en ningún otro lugar porque, en esencia, Amazon hace todo el trabajo por usted. También tiene la oportunidad de promocionarse a los millones de usuarios que tiene Amazon.

Para un vendedor en 2016, entrar en la experiencia de Amazon FBA es muy importante para expandir su negocio y aprender más sobre cómo vender en línea. También está libre de complicaciones. Amazon le proporciona instrucciones paso a paso sobre cómo ser un vendedor completo de FBA. Su único trabajo es concentrarse en crear productos innovadores para sus clientes.

Este libro le dirá todo lo que necesita saber para comenzar su negocio con Amazon. He intentado simplificar el procedimiento para que pueda comprender los conceptos básicos. También hay numerosos consejos mencionados a lo largo de este libro que lo convertirán en un experto en el campo de FBA.

Sin mucho más que agregar, ¡comencemos!

Gracias de nuevo por comprar este libro, ¡espero que lo disfrute!

Capítulo 1:
Vender en Amazon

Para comprender cómo funciona FBA, debe comprender cómo funciona la venta en Amazon. Amazon tiene millones de usuarios y está aumentando su base de usuarios todos los días. Muchas personas han ganado mucho dinero trabajando a través de Amazon, mientras que otras todavía están luchando. También se trata de entender cómo funciona realmente la venta en Amazon.

Si quiere ser vendedor en Amazon, tiene la oportunidad de comercializar sus productos frente a millones de usuarios activos. Aparecerá como vendedor de terceros ya que está operando su propio negocio. Si abre Amazon, podrá ver la lista de vendedores que venden un producto en particular. Entonces, no solo es usted quien está vendiendo el producto, sino muchísimas personas. El cliente ahora tiene la oportunidad de seleccionar entre todos estos vendedores.

Amazon le permite trabajar a mayor escala sin tener que molestarse en establecer una tienda, trabajadores, etc. Puede trabajar en la escala que desee. Si desea vender varios productos, puede hacerlo, pero si solo quiere vender unos pocos productos, esa también es su elección. Si simplemente está tratando de vender algo en Internet, puede haber un problema de capacidad de escala. Es posible que no pueda aumentar su negocio en todas las páginas web. Puede funcionar como un pequeño vendedor independiente que está tratando de ganar un poco de dinero. Es fácil pero realmente usted no logra funcionar como un negocio adecuado.

Eso es lo diferente de Amazon. Le brinda la oportunidad de trabajar como un pequeño vendedor independiente que se ocupa de un solo producto o puede ser un magnate de los negocios que entrega múltiples productos a través de Amazon. Es por eso que vender en Amazon es tan sencillo. No necesita grandes inversiones para comenzar su negocio. Si cree que su producto se venderá, puede aumentar la producción. Es extremadamente libre de riesgos. Tiene la oportunidad de ganar mucho dinero sin invertir demasiado. Esto reduce el factor de riesgo y también lo ayuda a estar libre de estrés.

Proceso

El proceso de venta en Amazon es sencillo. Amazon no requiere mucho de su parte. Solamente se necesitan los detalles de su cuenta bancaria e información fiscal. Por supuesto, tendrá que pagar algo de dinero para iniciar su propio canal de ventas, pero Amazon tiene excelentes ofertas e incentivos para nuevos vendedores.

Paso 1: El primer paso es configurar su propia tienda en Amazon. Debe registrarse y luego se le pedirá que proporcione una lista de los productos que está vendiendo. Es muy fácil y Amazon le proporciona una herramienta única que es fácil de comprender.

Asegúrese de no proporcionar ninguna información falsa y que los productos que está publicando realmente existan. Este es el primer paso para comenzar su propio negocio en Amazon, por lo que debe tener mucho cuidado.

Amazon también cuenta con varios proveedores de servicios profesionales que pueden ayudarlo a crear una impresión única de su producto. Esto es importante porque es posible que no sepa cómo comercializar realmente su producto. Estos proveedores de servicios profesionales han estado trabajando durante años en este tipo de cosas y, por lo tanto, conocen los requisitos del mercado. También podrán guiarlo sobre cómo funciona el procedimiento. Por lo tanto, es necesario que cualquiera que quiera vender su producto en Amazon use la ayuda de dichos proveedores de servicios para asegurarse de que pueda competir con los vendedores de clase mundial.

Amazon también te ayuda a anunciar sus productos. Las reglas de publicidad de Amazon son brillantes. El costo de los anuncios a través de otros canales es realmente alto. Amazon solamente cobra cuando alguien hace clic en su anuncio. Esto es muy beneficioso porque no tiene que pagar demasiado. Solo tiene que pagar por los usuarios reales.

Paso 2: El segundo paso es interactuar con los clientes. La tienda tardará un tiempo en activarse, pero cuando lo haga, podrá ver los resultados al instante. Amazon tiene una base de usuarios colectiva de más de cincuenta millones de personas solamente en América del Norte. A nivel mundial, hay muchísimas personas que usan Amazon diariamente.

Esto le coloca en una posición interesante. Tiene la opción de comercializar su producto a todos estos usuarios sin el compromiso que se requiere. Lo está haciendo todo en línea y si no funciona, difícilmente tendrá que lidiar con la pérdida. Esta es la mejor parte de Amazon. Es como unirse a un mercado ya construido sin invertir mucho dinero.

Si recibe un pedido de un cliente, podrá gestionarlo usted mismo. Podrá contactar al cliente si eso es lo que desea o cualquier otra información que quiera. Es realmente fácil de entender y el panel de administración de pedidos lo ayudará en lo que necesite.

Para lograr una impresión duradera en sus clientes, se recomienda suministrarles productos de alta calidad y también centrarse en hacerlo de la manera más eficiente posible.

Paso 3: El paso 3 es donde Amazon hace su vida más fácil. Amazon entrega el producto por usted. No tiene que hacer nada en absoluto. Todo debe ser tratado por representantes de Amazon. Solamente tiene que suministrar el producto a Amazon y una vez que haya terminado, el paquete se suministrará a través de Amazon y sus socios de mensajería. Amazon vendrá hacia usted para recoger el producto. El embalaje y otros asuntos logísticos es todo lo que debe hacer.

El envío por Amazon es realmente rápido y también sin complicaciones. Esto asegurará que no pierda ni un solo cliente potencial. Podrá llevar fácilmente su producto a su cliente y sin ningún problema. Si hay algún inconveniente, puede llamar a Amazon en cualquier momento y ellos resolverán el problema por usted. Si algo le sucede al producto mientras es transportado, entonces es Amazon quien asume toda la responsabilidad. Puede confiar completamente en Amazon.

Aquí también es donde entra en juego todo el negocio de FBA. En lugar de que Amazon simplemente elija el artículo de usted, tiene la opción de almacenar su producto con Amazon. Discutiremos mucho sobre esto más adelante, pero esencialmente el cumplimiento por parte de Amazon tiene como objetivo reducir su carga de trabajo. Debe enviar los productos solo una vez a las instalaciones de almacenamiento de Amazon y ellos mantendrán el producto seguro para usted. Una vez que reciba un pedido, puede indicarle a la instalación de almacenamiento de Amazon que envíe su pedido. No tiene que empacar ni preocuparse por el inventario. Hace que todo sea mucho más fácil.

Esto es importante porque le ayuda a concentrarse en su negocio. Puede hacer crecer su negocio y agregar más líneas de productos mientras Amazon se encarga del envío y otros cargos. Amazon solamente le cobra un poco de dinero. No tiene que hacer demasiado. Solo sentarse y relajarse.

Muchas empresas han tenido éxito porque han podido concentrarse en brindar servicio al cliente sin distraerse con los canales de distribución. Es esencial en el siglo XXI porque se lo pone más fácil. Puede dedicar su tiempo a cosas más importantes. Le ayuda a escalar su negocio. Si desea expandir su negocio, se enfrentará al problema de enviar los productos. Esto realmente puede complicarle la vida a alguien que esté llevando el negocio por sí solo. El cumplimiento de Amazon garantiza que nunca tendrá que perder el tiempo con el negocio de envío y embalaje. Esto le permite expandir su negocio sin presionarse demasiado.

Paso 4: Amazon es muy rápido con los pagos. Es una organización internacional y, por lo tanto, nunca tendrá que lidiar con problemas de pago. El pago se deposita en su banco dentro de los siete días. Las tarifas que cobra Amazon son justas y nominales. Solo le cobra honorarios si realiza una venta, por lo que no es una empresa explotadora.

Paso 5: Puede utilizar Amazon para hacer crecer su negocio. Amazon no solo envía y vende productos por usted. También le ayuda a ser mejor empresario. Se asegura que usted reciba actualizaciones periódicas sobre su rendimiento para que pueda seguir su progreso. Amazon también sigue brindándole consejos sobre cómo administrar su negocio. Esto lo ayudará a aumentar sus ventas y podrá obtener muchos beneficios.

También le proporciona actualizaciones e informes regularmente. Podrá estudiar su rendimiento y ver sus resultados. Esto hace la vida mucho más fácil ya que no tiene que contratar a nadie para que haga estos informes por usted. Tampoco tiene que lidiar con actividades complejas similares ni asuntos contables. Puede escalar su negocio como desee y Amazon estará allí para ayudarlo.

Amazon también es ideal para los servicios de vendedor. Puede contactarlos con cualquier consulta que tenga en cualquier momento sin ningún problema. Hará todo mucho más fácil. Podrá aumentar su rendimiento e incrementar sus ventas.

Paso 6: También puede globalizarse con Amazon. Si desea expandir su negocio y vender en otros países, puede hacerlo con Amazon. Es realmente difícil vender algo en el extranjero. Establecer una tienda en otro país y vender sus productos requiere mucho tiempo y dedicación. Se necesitan muchos permisos y tener muchas conexiones. Es casi imposible que un vendedor individual venda algo en el extranjero sin invertir en más recursos.

Amazon, por otro lado, le ayuda a globalizarse sin problemas. No necesita tener conexiones o permisos en el lugar. Puede vender en línea a través de Amazon y los gastos de envío y otros gastos varios serán manejados por Amazon. Es la mejor forma de comercializar sus productos en el extranjero. Tiene la opción de vender en una plataforma de mucha confianza y no tiene que hacer ninguna inversión. Puede convertirse en un vendedor global sin siquiera levantarse de su silla.

Algunos Consejos

Si quiere ser realmente bueno vendiendo en Amazon, hay ciertos consejos que debe seguir. El punto principal es tratar la venta en serio. Tiene que innovar e investigar sobre todo lo que está vendiendo. Piense diez veces antes de decidir vender un producto y considere todo lo relacionado con él, desde los costos hasta las revisiones, antes de decidir venderlo. Amazon cambia todos los días y tiene que estar al tanto del juego para tener éxito.

1. Si desea escalar su negocio, entonces debe tener un excelente desempeño. Si pasa todo su tiempo empaquetando y enviando cosas, no tendrá tiempo para fabricar o encontrar los productos que desea vender. Cuanto menos venda, menos ganancias obtendrá. Por lo tanto, si realmente desea ganar algo de dinero mediante la venta, escalar es inevitable. Si Amazon maneja el envío y el embalaje por usted, le ahorrará tiempo suficiente para que se concentre exclusivamente a comercializar sus productos.

2. Debe ser flexible. No elija solamente algunos productos para vender y vaya tras ellos. Si un producto no se está vendiendo, olvídelo y continúe. Cometerá muchos errores e incurrirá en muchas pérdidas antes de convertirse en un experto. Si no está dispuesto a cambiar, continuará incurriendo en pérdidas. Si ve que hay pérdidas en la venta de un producto, aléjese de él. Tiene que asegurarse de que cada venta le dé alguna ganancia. Estar dispuesto a aprender. Existen numerosos expertos en el negocio de venta en línea que están listos para brindarle sus servicios. Acepte su ayuda sin dudarlo. Le contarán todo sobre los nuevos servicios que están presentes en Amazon y cómo puede beneficiarse de ellos.

3. Administre su inventario. Asegúrese de que todo esté anotado. Ejecútelo adecuadamente como un negocio, incluso si lo está haciendo usted solo. No querrá perder la noción de sus productos o dinero. Tome nota de todo y asegúrese de que su inventario nunca esté bajo. Si un cliente no puede adquirir su producto, entonces lo ha perdido para siempre. Siga enviando productos a Amazon tan pronto como se vendan. Cuide también su flujo de caja. No tiene que contratar a un contable,

pero asegúrese de no perder la noción del dinero. Controle sus gastos y asegúrese de que todo salga según lo planeado. Las personas suelen gastar mucho más de lo que deberían. Esto puede crear problemas al calcular los márgenes de beneficio. Asegúrese de que todo salga según lo previsto.

4. Si no le va bien al inicio, no se asuste. Está bien no obtener grandes ganancias tan pronto comienza. Tiene que medir su progreso, pero no lo haga con demasiada frecuencia. Al principio, trabaje para aumentar sus ventas en lugar de las ganancias. Si tiene que verificar su progreso semanalmente, mídalo a través de las ventas. Revise las ganancias y el dinero trimestral o semestralmente.

Enfóquese en ganar dinero. No se sienta abrumado y concéntrese en la venta que tiene por delante. Intente ganar tanto dinero como pueda en cada venta y verá su progreso cada vez que revise sus informes. Si realmente desea ver grandes cambios, verifique su progreso solamente después de un cierto período de tiempo. No pierda la esperanza y trate de innovar lo más posible.

Capítulo 2:
La Ejecución por parte de Amazon

Fulfillment by Amazon (FBA) es una técnica de ventas. Es la forma en que Amazon recluta a más personas para vender sus productos en su página web. El objetivo principal de FBA es dar a las personas la oportunidad de aumentar sus ventas sin agregarles demasiada presión. Puede guardar sus productos en las instalaciones de almacenamiento de Amazon y ellos enviarán el producto por usted. Todo lo que tiene que hacer es empaquetar el producto y enviarlo a las instalaciones de almacenamiento. Luego, tan pronto como se realice una venta, Amazon enviará el producto al destino requerido y usted podrá recibir el dinero. Tiene muchos beneficios y, sobre todo, le da libertad. Puede trabajar para hacer crecer su negocio mientras Amazon trata los asuntos de envíos por usted.

FBA no solo termina en el envío. Amazon también ofrece servicio al cliente para usted. Si hay algún problema con el producto, no debe tener su teléfono con usted en todo momento. Amazon tratará con el cliente por usted. Esto definitivamente hace que vender sea muy fácil. Para alguien que no tiene mucho tiempo y está haciendo esto de forma paralela, FBA es un salvavidas. Puede ganar algo de dinero extra y ni siquiera toma mucho tiempo. Casi no requiere ningún compromiso o inversión. Los beneficios de la FBA son incalculables.

Si se une a FBA, también aumenta la fuerza de su producto. La gente confía en los productos que Amazon ofrece. Entonces, las posibilidades de que haga una venta también aumentan. Podrá vender sus productos fácilmente y podrá aumentar su rendimiento. Los vendedores de FBA también tienen la opción de entregar sus productos en un día. Esto es muy importante porque muchos clientes compran productos de Amazon solo por la garantía de entrega de un día. Si su producto no está incluido en FBA, entonces el cliente no podrá optar por la opción de entrega de un solo día.

La Entrega Gratuita también es otra característica que viene bajo FBA. La mayoría de los clientes nunca pagarían los gastos de envío de un producto. Los vendedores de FBA tienen la opción de entrega gratuita en todos sus productos. Esto les facilita a sus clientes comprar el producto y que lo reciban. Cuanto menor sea el costo del producto, más felices serán los clientes.

También se ha descubierto que la mayoría de los vendedores que se unen al esquema FBA tienden a ver un aumento en sus ventas. La razón detrás de esto es el aura que FBA tiene en sus productos. La mayoría de los clientes dudan en comprar cosas en tiendas minoristas en línea. Si ven que Amazon ha completado un producto, entonces es más probable que lo compren. También le ayuda a establecer credibilidad como vendedor. En un sitio donde hay miles de vendedores que usan FBA, si usted no lo utiliza, existe una buena probabilidad de que se quede atrás. Para asegurarse de que puede lidiar con la competencia, debe ingresar a FBA ahora mismo.

Amazon tiene recursos de clase mundial. Allí, los centros de distribución podrían cuidar mucho mejor los productos que cualquier otra instalación de almacenamiento. Mantienen el inventario con ellos para que usted no tenga que hacerlo. También empaquetan el producto para usted y luego lo envían. Esto le ahorra mucho tiempo. Amazon también asegura que su servicio de envío y embalaje sea el mejor del mundo. De esta manera, sus clientes no tendrán nada de qué quejarse.

Amazon también tiene una excelente red de servicio al cliente. Sus representantes están presentes en todo el mundo y se ocupan de todo tipo de problemas. También le proporcionan retroalimentaciones periódicas para que pueda cambiar su estrategia comercial en consecuencia.

Diferentes Tipos de Vendedores

Puede vender en Amazon como parte del esquema de FBA o *Merchant Fulfilled Seller* (MF). Depende de lo que quiera elegir, pero la mayoría de las personas recomiendan FBA. Las diferencias surgen en términos de las responsabilidades que tendrá y la cantidad de trabajo que tiene que hacer.

Si quiere ser un vendedor MF, entonces debe lidiar con todo usted mismo. No recibirá ayuda de Amazon en términos de envío y embalaje. Elija un producto y se publicará en la página web. El cliente no vería una etiqueta de FBA con su producto y tampoco podría aprovechar la entrega de un día. Esta es una de las mayores desventajas que tiene MF. Esto definitivamente afecta su rendimiento. Muchos clientes tienden a no confiar mucho en los productos que Amazon no almacena ni envía.

Si el cliente decide comprar su producto, Amazon le notificará que envíe el producto. Tiene que sacar tiempo de su trabajo para empaquetar el producto. Una vez que haya hecho eso, debe comprar la etiqueta de envío y colocarla en el paquete. Luego, debe ir personalmente a la oficina de correos y enviar el producto al cliente. Todo esto requiere mucho tiempo y paciencia. Si tiene varios pedidos, incluso puede llevar un día entero enviar solo un par de productos. Además, debe asegurarse de que el embalaje sea duradero y que el producto no sufra daños durante el transporte. Si sucede, usted es quien debe responder al cliente y no Amazon.

Un gran problema es el envío a través de la oficina de correos. Si hace esto, entonces tendrá que cobrar los gastos de envío a su cliente. Esto aumenta el precio del producto y hay muchas posibilidades de que disminuyan sus ventas. Las oficinas de correos no son precisamente conocidas por ser puntuales. Podrían retrasar el producto y usted no podría hacer nada al respecto. Es una carga pesada y hay muchas desventajas asociadas con ella. La única ventaja es que tiene la libertad de empaquetar el producto como usted desee y puede reducir el costo de envío. Amazon tiene ciertos controles de calidad que hacen que el costo de envío aumente por un margen. Si lo hace usted mismo, existe una gran posibilidad de que haya ahorrado algo de dinero.

Pero el problema es que FBA hace la vida tan fácil que no tiene sentido ser un vendedor MF. No tiene que empaquetar los productos una y otra vez. Solo tiene que enviarlos por correo a la instalación de almacenamiento de Amazon y ya está. No tiene que lidiar con el orden; en la instalación de almacenamiento lo hacen todo por usted. Sus clientes obtienen la ventaja de poder tener un día de entrega. Sus ventas definitivamente aumentarían, ya que más personas tienden a comprar más productos FBA que aquellos que no lo hacen.

Amazon también garantiza que su producto llegue a su destino a tiempo. No tiene que preocuparse de que su producto se pierda y no tiene que tratar directamente con el cliente. Tiene tanto tiempo para hacer crecer su negocio y aumentar su rendimiento que seguramente recomendará FBA a otras personas.

Su producto también se presenta como una compra elegible Prime. Significa que el cliente puede elegir un mejor sistema de entrega y obtener el producto más rápido. Son en su mayoría dos días y esto garantiza que el cliente esté absolutamente satisfecho con la compra.

Debe pagar una parte de sus ventas a Amazon para almacenar el producto y manejar el envío por usted. También puede vender tantos productos como desee porque no es usted quien tiene que preocuparse por el embalaje, el procesamiento y el envío. Puede escalar su negocio a un tamaño enorme sin preocupaciones.

El escalado es importante porque si publica más artículos para la venta, más dinero ganará. Ahora, si usted es el que tiene que lidiar con el embalaje y el envío, entonces no querrá escalar su negocio. Le ejerce demasiada presión, ya que no puede manejar la cantidad de pedidos que llegan. Si hay un pequeño retraso, entonces el cliente no estará contento e incluso podría perder dinero. Puede vender tantos productos como desee en Amazon porque ese es su trabajo principal. Solo tiene que lidiar con encontrar mejores productos para vender en Amazon sin perder su tiempo empaquetando. Si hay demasiados pedidos, entonces es la instalación de almacenamiento de Amazon, que tiene que ocuparse de la entrada y no usted.

También obtiene un lugar para almacenar sus productos. No tiene que preocuparse por mantener el inventario y preocuparse por él. Amazon apenas le cobra por el inventario; más bien solo toma una parte de sus ventas y solo cobra por envío y manejo. Esto ahorra mucho tiempo y dinero.

Capítulo 3:
Beneficios del FBA

FBA tiene muchos beneficios obvios. Si realmente desea aumentar sus ventas y dar un impulso a su negocio, entonces FBA es el camino que debe seguir. El principal beneficio está relacionado con la cantidad de tiempo que ahorra. No tiene que pasar días empacando y enviando productos. Esto hace que su negocio sea mucho más eficiente.

Amazon tiene mucha experiencia en el departamento de satisfacción al cliente y saben lo que hacen. Si decide utilizar sus servicios, se beneficiará de su experiencia. Solo tiene que empacar y se lo envían por usted. Incluso le manejan las devoluciones de productos. Toman las quejas de los clientes y se las envían a usted. Dirigen un negocio virtual para ayudarlo a vender mucho más mientras solo cobran tarifas nominales.

Haga Crecer su Negocio

Mucha gente quiere hacer crecer su negocio y mejorarlo, pero no son capaces. No tienen el tiempo y la paciencia para hacerlo. Por lo general, es porque manejar todo usted solo puede ser realmente difícil. Si es alguien que vende productos en Internet, tendrá muchos problemas. Tendría que manejar la logística de todos sus productos. Crear publicaciones de productos y escribir detalles lleva mucho tiempo. Si tiene que manejar las ventas junto con todo esto, le tomará prácticamente todo su tiempo disponible. Así que, si tiene la presión adicional de empaquetar y enviar los productos a los clientes, entonces no puede esperar que su negocio prospere.

Amazon le permite concentrarse en su negocio para que no tenga que adentrarse en las cosas pequeñas. No tiene que perder el tiempo empacando y enviando. Solo tiene que hacerlo una vez. Simplemente envíe todo a la instalación de almacenamiento de Amazon y su trabajo estará listo. Si hay un pedido, los trabajadores de la instalación de almacenamiento encontrarán su producto. Empaquételo y luego envíelo. Se asegurarán de que el producto llegue a su destino a tiempo. Esto le brinda la oportunidad de expandir su negocio sin límites. No tiene que estar limitado por nada en absoluto.

Creando Confianza

Amazon es una gran organización que ha existido durante muchos años. Cada cliente que quiere comprar algo en Amazon confía en que el producto que recibirá será de excelente calidad. Amazon ayuda a generar confianza entre el cliente y el vendedor.

El signo de FBA en su producto aumenta el valor de su artículo. Es más probable que las personas compren un producto si ven este símbolo. Hay miles de vendedores en Amazon y se hace realmente difícil escoger solo uno. Lo único que sabe un cliente es que puede confiar en Amazon. Por lo tanto, si ven que Amazon ha completado un producto, confían en el vendedor.

Esto es muy importante para aumentar sus ventas. En un lugar donde no puede tener ningún contacto real con los clientes, la página de su producto es lo que determina una venta. Por lo tanto, para garantizar que se realice una venta, debe utilizar la buena voluntad asociada con la marca de Amazon.

Todos los clientes de Amazon confían en que Amazon les proporcionará servicios de alta calidad. Confían en que el producto será brillante y lo recibirán a tiempo. Si tiene el símbolo FBA en su producto, esta confianza se transfiere automáticamente a su artículo.

También es un hecho que los productos entregados por Amazon son más fáciles de devolver, ya que es Amazon quien se encarga de las devoluciones para los vendedores de FBA. Esto también induce a los clientes a elegir vendedores FBA en lugar de vendedores que no son FBA. Amazon también brinda la oportunidad de ser su representante de atención al cliente. Si un cliente tiene un problema, simplemente puede llamar a Amazon para pedir ayuda. De esta manera, Amazon lidia con los clientes por usted.

Menos Costos

Amazon se asegura de que solo pague por los servicios que utiliza. No tiene que pagar una cierta suma para comenzar con FBA. Los cargos no son fijos, sino que dependen de su uso. Si no utiliza un determinado servicio en un mes en particular, no tiene que pagarlo.

Los cargos son realmente flexibles. Si usa un servicio solo unas cuantas veces, entonces paga las veces que realmente lo utilizó. Tampoco hay tarifa de suscripción. Puede unirse al esquema FBA sin tener que pagar nada.

Otra cosa sorprendente sobre FBA es que no hay requisitos mínimos de cantidad de artículos. Puede enviar tantas unidades como desee a la instalación de almacenamiento. No tiene que lidiar con ninguna presión con respecto a la fabricación.

Amazon incluso le ofrece la opción de anunciar su producto a través de la página. Únicamente paga por un anuncio si las personas realmente visitan su producto a través de la página. Si nadie mira el anuncio y no obtiene ningún éxito en su producto a través del anuncio, no tiene que pagar nada.

Amazon es realmente grande cuando se trata de establecer precios. No cobran por servicios innecesarios y no tienen costos ocultos. Le dicen desde el principio lo que van a cobrar.

Cuando envía su producto a las instalaciones de almacenamiento de Amazon, no tiene que gastar mucho dinero ya que los proveedores de servicios de Amazon eligen los productos de su puerta. También puede elegir enviar el producto a sus instalaciones de almacenamiento utilizando su propio servicio de mensajería.

Amazon también cobra su tarifa solo si realiza una venta. No hay cargos fijos en Amazon. Amazon solo cobra algunas tarifas si está haciendo algo de dinero. Si no puede vender nada, entonces Amazon no le cobrará nada.

Servicio al Cliente

Amazon se encarga de los clientes por usted. Le da un espacio para vender su producto para que pueda comercializar a millones de clientes. También maneja el servicio al cliente por usted.

Si no está vendiendo a través de FBA, Amazon atenderá las llamadas de servicio al cliente, pero usted será quien tenga que lidiar con los problemas que tiene el cliente. Si el cliente no ha recibido el producto, debe asegurarse de que el producto llegue a tiempo. También tiene que lidiar con el seguimiento. Todo esto puede llevar mucho tiempo y ser un martirio para alguien que acaba de ingresar al negocio de las ventas.

A través de FBA, Amazon se encargará de todos los clientes por usted. Nunca tendrá que contestar una llamada telefónica y atender consultas relacionadas con los clientes. En cambio, puede concentrarse en hacer crecer su negocio y agregar más productos.

Las devoluciones son realmente difíciles de manejar. Tiene que tratar con el cliente y luego recibir el producto de parte del cliente. Además, pierde tiempo y no puede concentrarse en las ventas que podría estar recibiendo. Para asegurarse de que no se distraiga y pueda continuar su trabajo, Amazon maneja las devoluciones por usted. No tiene que recibir el producto de parte del cliente; Amazon lo hace. Ni siquiera tiene que desempacar y catalogar el producto nuevamente. El producto vuelve a las instalaciones de almacenamiento de la que proviene y se cataloga nuevamente allí. Esto hace su trabajo mucho más fácil ya que no tiene que lidiar con tales problemas logísticos.

Contra Reembolso

El pago contra reembolso ha sido extremadamente popular en las naciones en crecimiento. A diferencia de otros países, estas naciones aún no dependen completamente de las tarjetas. Muchos aún dependen del efectivo y la mayoría prefiere el pago contra reembolso por esta razón. Aparte de eso, existe una creciente desconfianza en las ventas por internet, por lo que a la mayoría le gusta pagar solo cuando tienen el producto en sus manos.

Amazon FBA garantiza que todos sus productos sean elegibles para el pago contra reembolso. Esto no es algo que pueda aprovechar si elige ser vendedor MF. Esto se debe a que enviar un producto a través de cualquier servicio postal es arriesgado y si usa el servicio postal para cobrar efectivo, solo está jugando con su suerte. Amazon recoge el dinero por usted y lo deposita en su cuenta. De esta manera, no pierde ningún cliente y tampoco pierde dinero.

Elegibilidad Prime

La mejor ventaja que recibirá gracias a FBA es que su producto obtiene la elegibilidad Prime.

Amazon se ha esforzado mucho para asegurarse de que las personas se unan a sus cuentas Prime. Prime cuesta mucho, pero las personas aún gastan dinero para obtener cuentas Prime debido a la cantidad de beneficios que reciben por ello. Todos sus pedidos son elegibles para la entrega de dos días de forma gratuita. Esta es una gran ventaja y muchos clientes se unen a Amazon solo por esta razón en particular. Hay muchos otros beneficios que disfruta un cliente Prime, pero el principal en el que debe centrarse es en las opciones de entrega más rápidas.

Si usted es parte del esquema FBA, todos sus productos son elegibles para Prime. Significa que todos sus clientes obtendrían sus productos en tan solo dos días. Esto asegura que sus clientes estén satisfechos y sigan comprando. Si usted es un cliente que quiere comprar un producto y no tiene la opción de recibir sus productos en dos días, obviamente elegiría otro vendedor.

Amazon se asegura de que las personas elijan los mejores vendedores. Si nos fijamos en los vendedores disponibles en Amazon, sus ojos definitivamente irían a todos los vendedores que están catalogados como Prime y tienen una entrega de dos días. Esto obliga a cualquier cliente a elegir al vendedor Prime.

Por lo tanto, es casi una necesidad ser parte del esquema FBA si desea retener a sus clientes. La mayoría de los clientes tienden a elegir vendedores que son FBA en lugar de MF, incluso si el precio es alto. Esto se debe a que ser parte de FBA agrega credibilidad a su producto y sus artículos se entregan en tan solo dos días.

Ser parte de la FBA es un requisito y no una elección. Si quiere ser mejor que otros vendedores, entonces debe elegirlo. Puede perder clientes debido a muchas otras razones, pero al menos no los perderá porque no entregó el producto más rápido y de manera más eficiente. FBA también se asegura de que pueda obtener grandes ganancias en todas sus ventas. Amazon reduce los gastos excesivos en los que podría haber incurrido al tratar de empaquetar y enviar el producto. Esto asegura que venda su producto de la mejor manera posible.

Buy Box

El *Buy Box* es una oportunidad para que un vendedor se gane el derecho de ser aquel cuyo producto tenga una vista previa si un cliente hace clic en él. Hay varios vendedores para cada producto en Amazon, se dice que el vendedor que aparece en la vista previa del producto tiene el *Buy Box* para ese producto en particular.

Conseguir un *Buy Box* es realmente difícil. Ser vendedor de FBA aumenta sus posibilidades de obtener un *Buy Box*. Los *Buy Box* son realmente importantes porque afectan sus ventas. Muchas personas ni siquiera saben que hay múltiples vendedores para un producto. Simplemente compran el producto tan pronto como lo abren. Esto le da al vendedor que tiene *Buy Box* una gran ventaja.

Ser un vendedor FBA no es un requisito, pero para ser elegible para un *Buy Box*, se recomienda ser un vendedor FBA. Es realmente difícil obtener el *Buy Box* para cualquier producto. Por lo tanto, si quiere adelantarse a otros vendedores o al menos estar a la altura de ellos, debe obtener FBA.

Capítulo 4:
Ser un Vendedor FBA

Si cree que FBA es el camino a seguir, solo hay unos pocos pasos que debe tomar para convertirse en un vendedor FBA. Realmente no tiene que hacer mucho. Si tiene un producto único que usted fabrica, puede venderlo en línea sin problemas. Incluso si no tiene ningún producto para vender, siempre puede usar varios trucos para crear productos únicos. La cuestión es que FBA es una mina de oro. No importa qué producto esté vendiendo. Si lo vende en Amazon, definitivamente ganará mucho dinero. Sus márgenes de ganancia serán enormes y no necesitaría una gran inversión.

Encontrar un Producto

Si desea ser un vendedor FBA, debe encontrar el producto adecuado. Esto se debe a que no todos los productos tienen un gran mercado en línea. Muchos de ellos no se venderían en internet, como vehículos o relojes caros. Por lo tanto, debe asegurarse de que su producto sea especialmente adecuado para el mercadeo en línea.

También debe asegurarse de que el producto que elija sea beneficioso para usted. Debe obtener el producto lo más barato posible para poder venderlo a precio completo para obtener algún beneficio. El margen debe ser bastante grande porque también debe pagar a Amazon por sus servicios.

Ahora, si puede encontrar un producto que cree que es correcto, entonces genial, de lo contrario siempre puede usar productos minoristas. Si quiere ganar algo de dinero extra, entonces esto es simple. Todo lo que tiene que hacer es obtener productos de minoristas y luego venderlos en Amazon a través de FBA para obtener grandes ganancias. Es un esquema de eficacia comprobada. No tendrá que hacer mucho, pero aún podrá ganar mucho dinero.

El objetivo principal es encontrar un producto minorista en internet o fuera de internet. Tiene que encontrar el producto a su precio más bajo. Por lo tanto, asegúrese de mirar por todas partes antes de comprar el producto.

Busque productos que se venden con descuentos. Esto es para que pueda vender el producto por completo en Amazon y obtener grandes ganancias. Seguro que habrá algún centro comercial a su alrededor que esté ofreciendo descuentos. Busque dichos lugares y úselos para su propio beneficio.

Intente buscar productos con al menos un 25% de descuento. Esto deja suficiente margen para que usted suba el precio y obtenga buenas ganancias. Si una tienda está en liquidación o cerrando, definitivamente tendrá los productos que necesita.

Ahora, tiene que usar una aplicación llamada Scoutify. Scoutify es una aplicación brillante que enumera el precio actual de un producto en Amazon. Entonces, encuentre una tienda y luego entre con la aplicación Scoutify a mano. Escanee el código de barras del producto con la cámara de su teléfono y Scoutify mostrará las estadísticas sobre el producto. Podrá ver a qué precio se vende actualmente el producto en Amazon. También verá cuántos vendedores están vendiendo el producto y el rango más vendido del producto. De esta manera, puede hacer algunos cálculos rápidos para ver si podrá vender el producto en Amazon con ganancias.

El objetivo principal es encontrar un producto cuyo precio se pueda aumentar para obtener ganancias y aun así el precio debería ser más bajo que lo que se vende actualmente en Amazon. Entonces, puede saber a qué costo debe comprar el producto y cuál sería su rentabilidad al comprar el producto.

Ahora, antes de salir y comenzar a vender sus productos, asegúrese de probar algunos productos que haya encontrado en casa. Por ejemplo, tomaré un abrelatas azul. El objetivo de este ejercicio es mostrarle cómo calcular el beneficio que obtendrá al vender un producto.

Un abrelatas está publicado a $30 en Amazon. Ahora, debe usar esta aplicación llamada calculadora Amazon FBA. Solo busque en Google y podrá usar la aplicación ya que es gratuita. Simplemente ingrese lo que quiera en la calculadora y podrá ver el beneficio que obtendría si el abrelatas se vende a este precio.

El margen de beneficio es enorme en la mayoría de los productos. La calculadora me dijo que podría ganar casi $20 si el producto se vendiera. Entonces, si de alguna manera puedo encontrar una tienda que venda este abrelatas a $15, puedo obtener una ganancia de $5. Si comienza a buscar en las tiendas, encontrará muchas cosas que aún no están en Amazon. Puede vender estos productos con más ganancias.

Crear una Cuenta

Si finalmente ha decidido que desea vender su producto en Amazon, puede continuar y crear una cuenta. Entonces, vaya al sitio de Amazon y desplácese hasta la parte inferior. Encontrará la opción de "Vender en Amazon" en la parte inferior izquierda.

Ahora, si está buscando comenzar un negocio serio, le recomiendo que se registre como vendedor profesional. Hay varios beneficios que obtiene si usa una cuenta de vendedor profesional y si realmente quiere ganar dinero a largo plazo, tendrá que elegir la cuenta de vendedor profesional de todos modos. Es mejor hacerlo ahora.

Amazon realmente valora a sus vendedores y, por lo tanto, también le brinda un mes gratis cuando se registra como vendedor profesional. Por lo tanto, si cree que no necesita el paquete de vendedor profesional, puede cambiar a una cuenta más simple después de un mes. Amazon no le cobra por la cuenta pro hasta después de la finalización del mes. Es como una prueba gratuita.

Tan pronto como se registre, también obtendrá la aplicación gratuita para vendedores de Amazon que puede usar para escanear productos que encuentre en su hogar y en las tiendas. La aplicación es como Scoutify, excepto que es gratis. Si es un principiante, definitivamente debería usar esta aplicación, ya que es más fácil de usar y no estaría gastando dinero.

Herramientas

Hay ciertas herramientas que necesitará si desea ser un vendedor de pleno derecho. Lo primero y más básico es un ordenador. Si no tiene uno, entonces realmente no puede convertirse en vendedor. Su teléfono inteligente no puede reemplazar un ordenador portátil. Necesita uno para controlar todos los pedidos y colocar sus productos. Asegúrese de que su ordenador portátil esté bien equipado porque si decide vender regularmente, se convertirá en su mejor amigo.

En segundo lugar, necesitará un teléfono inteligente. Existen miles de aplicaciones que son realmente útiles para un vendedor. Si quiere ser un experto en lo que está haciendo, entonces necesita ese teléfono para estar siempre alerta. También le permite ser mejor en lo que está haciendo. Puede vender sus productos incluso si está de vacaciones y podrá subir fácilmente fotos e información sobre su producto incluso si no está en casa.

Necesitará una báscula de envíos. Una báscula de envíos mide el peso de su caja. Es importante porque un aumento de peso, incluso en unos pocos gramos, puede causar muchos problemas. Esta herramienta será útil ya que su caja no será devuelta por tener las medidas incorrectas.

Un medidor de caja es importante para cualquiera que intente ahorrar dinero. Puede cortar una caja enorme al tamaño que desee. Esto permite que su paquete sea más compacto y ni siquiera tiene que poner algo en el espacio de relleno. Este es un gran problema porque los rellenos de empaque pueden requerir mucho dinero. Corte su caja para que se ajuste fácilmente al producto.

Las pegatinas de agrupación también son importantes. Si desea enviar un conjunto a alguien, Amazon podría separarlos. Esto puede ser un gran problema porque los conjuntos deben ir juntos. Los adhesivos combinados le dicen a Amazon que los productos están en un solo conjunto y deben permanecer juntos.

Las bolsas de polietileno con cierre automático hacen magia. Si tiene que empacar algo rápidamente, simplemente puede ponerlos en bolsas de polietileno autosellantes y están listos para salir. Existen numerosos productos que se pueden empacar fácil y rápidamente con bolsas de polietileno.

También puede comprar una impresora Dymo si desea ahorrar tiempo. Una impresora Dymo ahorra mucha tinta porque es térmica y también imprime etiquetas de artículos a pedido para que no tenga que esperar hasta el final para imprimir las etiquetas.

Las etiquetas Dymo son adecuadas para una impresora Dymo. Son resistentes al agua y tienen un adhesivo muy fuerte. Esto las hace duraderas.

También tiene que comprar un escáner. Puede comprar uno con Bluetooth que se conecte a su ordenador sin cables. Ahorra mucho tiempo y se puede transportar fácilmente para que pueda escanear elementos mientras trabaja.

También debe obtener un paquete de etiquetas de dirección para que el servicio de mensajería pueda encontrar la dirección fácilmente.

Aparte de eso, necesita buenas impresoras y etiquetadoras para sus paquetes. Asegúrese de comprar estas cosas al por mayor porque va a necesitar mucha cantidad.

Capítulo 5:
Detalles de FBA

Hay varias cosas a considerar cuando vende un producto a través de FBA. Existen numerosos detalles que impactan su rentabilidad y ventas. Entonces, si usted es alguien que vende el producto sin tener en cuenta los detalles, probablemente tendrá muchos problemas. Considere estas pequeñas cosas antes de comenzar con el esquema de FBA como parte de su negocio.

Costos

FBA no es barato y tiene varios costos asociados. Si desea ser vendedor FBA, Amazon le cobrará ciertos cargos. Esto reduce su margen de beneficio y, por lo tanto, debe considerar el costo de FBA antes de establecer el precio del producto que está vendiendo.

El costo principal de vender en Amazon es cierto porcentaje de su venta. Esto es algo que usted tiene que pagar. Amazon le proporciona un mercado en línea para vender su producto y, por lo tanto, es justo que requiera algo de dinero en cada venta.

Los cargos de la FBA no son comunes para todos. Son diferentes según el producto. El peso del artículo determina el costo de envío, las tarifas de manejo son en su mayoría estables e iguales para todos los productos, las tarifas de recolección y embalaje dependen de la distancia que el representante de Amazon tenga que viajar y la cantidad de material que se utiliza para empacar el producto y los costos de almacenamiento también dependen de la cantidad de espacio que cubre el producto. Es por eso por lo que se recomienda vender productos que sean pequeños. Reduce seriamente todos estos cargos. Los productos más grandes ocupan mucho espacio y generalmente requieren muchos cargos de envío y embalaje. Puede reducir los cargos de recogida llevando el producto a las instalaciones de almacenamiento de Amazon usted mismo. Pero esto no es posible para la mayoría de las personas, ya que la mayoría de las instalaciones de almacenamiento se encuentran lejos de las ciudades.

Puede usar la aplicación de calculadora FBA para ver si le sería rentable usar FBA. Realmente la comodidad de esto no tiene precio. Amazon hace todo el trabajo por usted en FBA y, por lo tanto, le permite concentrarse en hacer crecer su negocio. Por eso es difícil calcular realmente si se beneficiará de FBA o no.

Debe considerar el costo antes de seleccionar un producto para FBA. No está obligado a vender todos los productos bajo FBA. Si descubre que no va a obtener ningún beneficio vendiendo un producto bajo FBA, continúe y venda ese producto a través de MF.

La venta de productos al por mayor generalmente reducen el costo. Si vende solo una botella de agua, obviamente el costo de venderla a través de FBA será demasiado, pero si vende un montón de botellas, el costo por botella sería muy bajo. Sea inteligente cuando venda productos a través de FBA. Tenga en cuenta las demandas del cliente y no cobre un precio más alto solo por el bien de FBA.

Etiquetado

Cuando envía el producto al servicio de almacenamiento de Amazon, debe etiquetarlo. Hay dos opciones que Amazon le ofrece para el etiquetado. Ambas opciones son muy diferentes y deben considerarse cuidadosamente, ya que afectan sus ventas y rentabilidad. El inventario etiquetado de FBA implica poner una etiqueta en cada producto que envía a Amazon. De esta manera, Amazon puede realizar un seguimiento de los productos individuales que envía bajo el esquema FBA.

La pegatina FBA menos Inventario implica no poner ninguna etiqueta en el paquete en absoluto. Amazon identifica su producto y lo mezcla con otros productos similares que se venderán bajo FBA. Esto requiere menos trabajo ya que su producto no tiene que estar etiquetado y también garantiza un envío más rápido porque los productos pueden procesarse más rápido en grupos.

Pruebe ambos métodos para diferentes tipos de productos que vende. Si prueba ambos métodos, podrá comprender cuál es mejor. Ambos métodos cuestan lo mismo, pero uno será más adecuado que otro según el producto. Es posible que desee utilizar este método de las pegatinas para productos extremadamente comunes para garantizar una entrega más rápida. El método etiquetado es más seguro porque es bastante común que haya fraudes. Para que su producto sea seguro, es posible que desee utilizar el método etiquetado. Definitivamente debe usar el método de las etiquetas para los productos caros para asegurarse de que se manejan con cuidado.

Es posible que también desee considerar los cargos de etiquetado en su margen de beneficio antes de elegir un método para sus productos.

Producto

Este es uno de los parámetros más importantes cuando intenta establecer su negocio FBA. Debe asegurarse de que su producto tenga ciertas cualidades. También tiene que lidiar con todo lo relacionado con su producto para venderlo y obtener ganancias.

Asegúrese de que su producto esté en el rango de $10-50. No querrá seguir adelante y comprar un producto costoso porque sería muy arriesgado. Hay mejores posibilidades de tener éxito a través de FBA si vende un producto más barato. Intente elegir un producto perecedero que no tenga muchos usos. Esto se debe a que los clientes generalmente desean dichos productos a un ritmo más rápido y, por lo tanto, buscan vendedores FBA. Asegúrese de que el producto no sea demasiado grande o pesado. Como debe pagar por el almacenamiento del producto, es mejor asegurarse de que el producto sea ligero y, por lo tanto, no reduzca el margen de beneficio.

Analice a sus competidores. Vea si alguno de ellos tiene algún producto que tenga un rango inferior a 5000 en la categoría de superventas. Hay muchos productos en Amazon, por lo que si su competidor tiene algunos que están en la categoría de los más vendidos, es mejor mantenerse alejado de ese campo. Además, intente buscar un producto que no se rompa fácilmente. No quiere lidiar con la pérdida de un solo producto. Podría afectar sus márgenes de ganancia. Asegúrese de que sus productos estén empaquetados correctamente cuando los envíe a Amazon.

Mire los comentarios de un producto que va a vender. Si un producto tiene muchas críticas, aléjese de él. No debería meterse en un nicho que ya está dominado por cierto vendedor. Si hay menos de 50 reseñas de un producto en la primera página, entonces el mercado para ese producto está mayormente abierto y definitivamente puede obtener más clientes a un precio más bajo.

Si está haciendo un producto, no debería gastar demasiado. Los costos de fabricación solo deben ser del veinticinco por ciento del precio de venta real del producto. Esto asegurará que pueda cubrir el FBA y otros costos varios y que aún pueda obtener una ganancia considerable en todas sus ventas.

Capítulo 6:
El Procedimiento

Si desea vender un producto a través de FBA, debe seguir un determinado procedimiento. Es importante asegurarse de realizar este procedimiento y comprenderlo completamente antes de comenzar a vender. Prepárese de acuerdo con este procedimiento y con los productos que pueda necesitar por adelantado. Recuerde, nunca se está demasiado preparado.

Paso 1: Entregue su Producto a Amazon

En este paso, todo lo que tiene que hacer es enviar su producto a Amazon para que puedan almacenarlo por usted. Puede enviar un producto absolutamente nuevo e incluso un producto ligeramente usado si lo desea.

Vaya a la central del vendedor. Se puede encontrar la Central de Vendedor en su cuenta y aquí puede cargar sus listados. Sus listados son sus productos y así es como aparecerán sus productos en la página web.

Amazon aprobará toda su lista o parte de ella. Amazon tiene un equipo de especialistas que se aseguran de que solo se vendan productos verdaderos y de alta calidad en Amazon. Si vende productos de buena calidad, entonces no tendrá problemas para obtener la aprobación de Amazon.

Amazon le proporciona un PDF que puede imprimir si desea una etiqueta o también puede usar el servicio de etiquetas de FBA como alternativa. Luego tiene que enviar el producto a Amazon. Amazon le ofrece un envío con descuento, pero si desea usar su propio transportista y enviar el producto usted mismo, también puede usar esa opción.

Paso 2: Almacene su Producto

En este paso, Amazon recibe su producto en sus instalaciones y luego lo almacena para usted. Amazon catalogará su producto y lo almacenará en su inventario. Amazon tiene algunas excelentes instalaciones de almacenamiento donde sus productos son atendidos y están listos para ser enviados en tan solo unos minutos, siempre que sea necesario.

Primero, Amazon recibirá todos sus productos y luego los escaneará para que pueda realizar un seguimiento de sus productos. También le envía un mensaje instantáneo, informándole que el producto ha sido recibido.

Amazon luego trabaja en el almacenamiento de su producto. Comprueba su producto y anota todas sus unidades. Verifican el peso, la altura y otras dimensiones para encontrar un lugar apropiado para almacenar su producto. También ayuda a fijar el costo de manejo y almacenamiento de los cargos por el producto.

Amazon le brinda servicios de clase mundial. Mantiene un seguimiento de todo su inventario utilizando su sofisticado sistema de seguimiento. Si se realiza un pedido de un producto, Amazon puede encontrar ese producto rápidamente para que pueda enviarse. También le envían actualizaciones sobre el procedimiento de procesamiento. El sistema de seguimiento es muy efectivo.

Paso 3: Lidie con los Pedidos

En el siguiente paso, un cliente encuentra su producto y luego lo ordena. Su trabajo termina tan pronto como envía el producto a Amazon. La ejecución de la orden es realizada completamente por Amazon y sus proveedores de servicios de almacén. Amazon cumple los pedidos que se colocan directamente en su página e incluso cumple los pedidos que usted solicita que no son del sitio web. Entonces, si alguien le pregunta informalmente por su producto, puede pedirle a Amazon que le envíe el producto.

Todas sus publicaciones se clasifican según el precio. El precio no incluye ningún costo de envío. Esto se debe a que todos los usuarios de FBA tienen la oportunidad de vender sus productos sin costos de envío excesivos.

Todos los productos de FBA que venda son elegibles para Prime. Así que, si un cliente Prime compra el producto, Amazon se asegura de que el producto se entregue en dos días.

Si su despacho de pedidos no es de Amazon, habría costos de envío adicionales y el cliente no será elegible para la entrega Prime. Esto se debe a que Amazon ofrece ciertas ofertas solamente a los usuarios que realizan pedidos a través de la página web.

Paso 4: Envío del Producto

En el siguiente paso, Amazon recoge su producto de su inventario y luego lo empaqueta adecuadamente. El embalaje se realiza nuevamente porque Amazon se asegura de que el producto no se estropee y llegue intacto a manos del cliente.

Amazon primero localiza su producto. Las instalaciones de almacenamiento de Amazon son enormes. Existen numerosos productos allí y, sin embargo, Amazon recoge su producto en solo unos minutos después de que se haya recibido el pedido. Tienen un sistema web hacia almacén de muy alta velocidad. El sistema realiza un seguimiento de todos los productos y tan pronto como se recibe un pedido, el sistema localiza su producto y lo clasifica. Este sistema también empaqueta su producto cuidadosamente.

Los clientes también tienen la opción de unificar el pedido de su producto con otros productos FBA.

Paso 5: Envío

En el último paso, Amazon envía su producto para que el cliente lo reciba. Hay numerosos productos que se envían desde el almacén todos los días y, sin embargo, Amazon mantiene una pestaña de todos estos pedidos y le envía actualizaciones regularmente.

Amazon envía el producto en función del sistema de entrega elegido por el cliente. Si el cliente necesitaba el producto en un día, Amazon atenderá esa solicitud. El sistema no es perfecto y, a veces, las personas no reciben sus productos en un día, pero esto es muy raro.

Amazon también proporciona al cliente información de seguimiento. El cliente puede iniciar sesión en su cuenta y verificar dónde está su pedido. Amazon también envía actualizaciones similares al vendedor.

Si el pedido estaba en la página web de Amazon, el cliente puede contactarlos si tienen algún problema. Amazon brinda atención al cliente para usted. No tiene que hablar directamente con el cliente. Si hay reemplazos, Amazon también se encarga.

El procedimiento es realmente simple y cada paso le informa sobre cómo puede ganar dinero usando FBA. Así que, si desea usar FBA, simplemente puede seguir los siguientes pasos que se dan a continuación.

Paso 1: Vaya a la página Administrar Inventario y seleccione un producto que le gustaría incluir como un anuncio FBA. Usted marcará casillas en la columna de la izquierda. Simplemente selecciónelas si desea vender un producto bajo FBA.

Paso 2: Haga clic en el menú Acciones y luego seleccione Cambiar a FBA.

Paso 3: Ahora, en la página siguiente, haga clic en el botón Convertir.

Paso 4: Luego, siga las directrices dadas para enviar sus productos a Amazon.

Conclusión

¡Gracias nuevamente por comprar este libro!

Espero que pueda ayudarlo a comprender el esquema FBA, que puede ser realmente complejo para un vendedor por primera vez. Si es su caso, entonces espero que el libro le haya dado mucha información para comenzar. Hay varios beneficios que vienen con FBA, pero también hay varios problemas. Asegúrese de ser inteligente en su trabajo y estudie todo cuidadosamente antes de comenzar con su propio negocio de FBA. Sea flexible y tome consejos de donde pueda obtenerlos.

El siguiente paso es configurar su propia cuenta de vendedor. Anímese y venda tanto como sea posible en Amazon. Recuerde controlar sus márgenes de beneficio para poder aprovechar al máximo el esquema FBA.

¡Buena suerte!

www.ingramcontent.com/pod-product-compliance
Lightning Source LLC
Chambersburg PA
CBHW071523210326
41597CB00018B/2875